Canciones, Poesías y Reflexiones de un Mendigo

Alexis Matos López

Derechos de autor © 2020 Alexis Matos López
Todos los derechos reservados
Primera Edición

PAGE PUBLISHING, INC.
Conneaut Lake, PA

Primera publicación original de Page Publishing 2020

ISBN 978-1-64334-433-1 (Versión Impresa)
ISBN 978-1-64334-434-8 (Versión electrónica)

Libro impreso en Los Estados Unidos de América

Mi libro de *Canciones, poesías y reflexiones de un mendigo,* es una recopilación de mis mejores trabajos autorales y está dedicado a mi adorado Padre Jehová.

A la memoria de mi querida madre, Elba Rosa López Leyva y de mi entrañable hijo, Adrián Matos Benítez.

Al resto de mis familiares y amigos y a todos los que de una forma u otra han colaborado con la edición y publicación de este libro.

El autor.

A mi Dios

En mis apuntes siempre llevo
todo lo que tú me diste,
mi salud, mis versos tristes
y un sol de primaveras.

Soy la luz, soy las quimeras
de un mar de mil locuras,
soy la paz, soy la ternura,
del que espera con sosiego.
Soy lágrimas y espejo de
algunos que perseveran.

Yo anhelo las primeras
luces del amanecer,
de regalo: un clavel,
con sus pétalos contentos,
no anhelo el firmamento,
porque pecador yo soy,
pero quiero darte hoy
todo lo que no te di,
y es quererte a ti como
tú me hiciste a mí.

Impresionante fue tu presencia,
aquella tarde en que te vi
cuando el sol se hizo gris
y de mis ojos brotaron
mil destellos de alegrías,
enriqueciendo mi vida
y haciendo realidad mis sueños.

A Polo Montañez

Recordando al gran Polo. Una genuinidad. Una identidad nacional e internacional. Un amigo. Un hermano. Naturaleza viviente que canta en la eternidad. Un gran peregrino de amores. Sonrisa cautivada y alimentada por el bello y adorable frescor del campo. Rocío. Canciones. Vivencias.

Sudor, lágrimas, amaneceres, noches oscuras llenas de poesías al calor de una fogata. Mujeres, mujeres bellas enamoradas. Suspiros, leyenda, amor, placer, desamor, pintura, tradición, futuro y más.

Mendigo de la poesía y la canción ante los ojos de Dios, porque yo rezo y proclamo por esas bellas inspiraciones que nacen de nuestro gran Padre Jehová, y que son enviadas a mí como muestra de su infinito amor, bondad y misericordia.

¡He aquí el concepto...!
¡He aquí sus inspiraciones...!
¡He aquí sus bendiciones...!
¡He aquí mi vida...!

El Oportunista

Primo–hermano del negativista.
Una espada de dos filos.
Codicionista, gente de poca confianza.
Individualista. Siempre esperando al acecho.
Ave de maltrecho.
Mentalista. Gente de baja calaña.
Profesionalista. Especialista en causar
daños mayores, solo causa sinsabores.
Una tormenta, ciclones. Envidioso natural.

El perfecto caporal que administra la maldad,
vive, en un mundo de inseguridad, desconfiado
además. Baila una danza divina.
Sigiloso determina
cómo atrapar a su presa. Ave rapaz,
por derecho, en ocasiones, criminal.
Nunca debes de confiar, analiza sus intenciones,
porque hasta los grandes
campeones tienen su punto
mortal o débil por donde los podemos atacar.

Espero que esto te sirva para poder discernir,
para poder valorar con quien
andas y a quien buscas.
¡No te lleves por figuras!
¡No te lleves por lo que luzca!
Busca dentro de su pecho y seguro encontrarás el
diamante natural, que te ilumine en realidad,
que te haga vivir en la verdad y de acuerdo a tus convicciones.

Codicia

Se enferman aquellos cuerpos que alimentan la codicia, que sostienen la avaricia, el deseo y el color del dinero y su malicia.
No prefieren el olor de una rosa floreciente ni mantienen en la mente sentimientos amorosos ni tampoco glamorosos gestos de simpatía.
Se hunden en la apatía de un color rojo y quemante que por siempre los expande en un infierno negro y siniestro.
¿A dónde van? ¿Quién los controla? ¿Quién los añora?
¡Solos están!
Quiénes andarán los caminos peligrosos, los sutiles y escabrosos tiempos de la amargura, los que siembran bien la duda, los que acaban con la risa, los que nutren la inmundicia, los que adoran el dolor.
Si supieran el sabor y el fervor tibio de un beso, y cuanto duran los excesos de un amor fuerte y quemante, y sintieran en la sangre lo que es ternura y placer.
¡Por siempre jurarían ser, los defensores del bien!

El baile del Vaivén

A mi pueblo ha llegado
un baile tan singular,
que lo baile todo el mundo
y sé que le va a gustar,
Lo baila la tía Clara,
Robertico e Ismael,
sabrosito y le gustaba
hasta Eva en el Edén.

Ahora mismo yo te enseño
pa' que veas cómo es,
pon las manos en la cintura
y lo bailo yo también.
Un ratico para alante
y un ratico para atrás,
puedes mover la cintura
así rico, así, además,
Un ratico para alante
Y un ratico para atrás,
muévete con sabrosura,
¡mete mano al natural!

Bien le puedes agregar
un lazo si lo deseas,
una simple correa
u otra cosa similar,
pa' que puedas atrapar,
suavemente a tu presa,
movimientos de cabeza
se ven lindos al bailar.

También puedes agitar
a la vez tus sabias manos,
poniéndote más cercano
pa' que puedas disfrutar,
y deberás alcanzar
la dichosa sabrosura,
que contagia con premura
a dos personas al bailar.

¡A vacilar! ¡A vacilar! A vacilar y también a cumbanchar.
(repita cuantas veces desee el estribillo).
Ahora que están calienticos,
tan calientes que se queman,
pueden inventar solitos
cosas buenas que le llenen.

¡A vacilar! ¡A vacilar! ¡A vacilar y también a cumbanchar!
Esto lo hice para ti,
goza, toma y remenea,
como el baile la batea,
sientes algo similar.

¡A vacilar! ¡A vacilar! ¡A vacilar y también a cumbanchar!
Oye te lo voy a decir,
bien te anima un abrazo,
pa' que sientas su cuerpazo
y su corazón latir.

¡A vacilar! ¡A vacilar! ¡A vacilar y también a cumbanchar!
¡Ponte fuerte que mi orquesta a subir!
¡A vacilar! ¡A vacilar! ¡A vacilar y también a cumbanchar!
¡A vacilar! ¡A vacilar! ¡A vacilar y también a cumbanchar!

Bien lo sabes Marisol
en esto del pachangeo
entre ritmo y remeneo
esta bueno pa' ligar.

¡A vacilar! ¡A vacilar! ¡A vacilar y también a cumbanchar!
Si amerita la ocasión
entre risa y remeneo,
prepara a tu trofeo
pa' llevarlo a exposición.

¡Qué vacilón! ¡Qué vacilón! ¡Qué vacilón! ¡Esto sí que es vacilón!
¡Me siento como un cañón!
¡Qué vacilón! ¡Qué vacilón! ¡Qué vacilón! ¡Esto sí que es vacilón!
¡Si amerita la ocasión!
¡Qué vacilón! ¡Qué vacilón! ¡Qué vacilón! ¡Esto sí que es vacilón!
¡Tengo cara de campeón!

¡Qué vacilón! ¡Qué vacilón! ¡Qué vacilón! ¡Esto sí que es vacilón!
¡Qué le avisen a Pancho'n...! (o que le avisen a Panchón)
¡Qué vacilón! ¡Qué vacilón! ¡Qué vacilón! ¡Esto sí que es vacilón!
¡Ahora viene la explosión!
¡Qué vacilón! ¡Qué vacilón! ¡Qué vacilón! ¡Esto sí que es vacilón!

Ojos negros

Muy cerquita de mi casa
vive una linda muchacha,
que siempre veo pasar.
Tiene unos ojitos negros,
pelo y cejas son igual,
su belleza me fascina
y su lindo caminar.

Tiene unos ojitos negros
que embellecen su escultura,
tiene ritmo su cintura,
se mueve con sabrosura,
en su baile tan sensual.

Ojos negros que enloquecen,
ojos negros que se mecen
que siempre los veo brillar.
Ojos negros que me matan,
que aceleran y arrebatan,
y que no puedo olvidar.

Ojos negros que en las noches
me atormentan con reproches,
no me dejan respirar.
Ojos negros que me llenan
de lágrimas hasta las venas,
que me hieren y se van.

Si yo muero y no te tengo
que me entierren en el mar,
para ser como la brisa,
delicada que acaricia
tu pura imagen carnal.

Ojos negros que enloquecen,
ojos negros que se mecen,
que siempre los veo brillar.
Ojos negros que me matan
que aceleran y arrebatan,
y que no puedo olvidar.

Ojos negros que en las noches
me atormentan con reproches,
no me dejan respirar.
Ojos negros que me llenan
de lágrimas hasta las venas,
que me hieren y se van.

Concourse
Dos torres y un solo sentir

Desde muy cerca siempre las miro
y contemplo su hermosura,
viva la figura que engrandece su sentido,
muestra que con fino suspiro
su elegancia predomina,
alturas toman, se miran
como dos hermanas en el aire,
y deleitan en un baile.
de delicias y esculturas,

Como no representarlas en mi escritura,
ustedes que embellecen la mañana,
diurnas que sobresaltan
y por las noches suspiran,
y elevan al viento sus suaves alas,

Como no admirarlas.
Si todos los ojos la miran,
y al mismo tiempo determinan
qué hay grandeza en sus almas,

Copiosos zafiros,
dueños de sus entrañas,
que sobrepasan montañas
y revelan su sentir.

Diosas marcadas por el tiempo,
celosas por su Vaivén,
no faltará a quienes las ven

recuerdos de su presencia,
y las llevarán por siempre
en sus conciencias
como dos niñas hermosas,
como refulgentes rosas
que embellecen un jardín.

Inexplicable siento el amor
este que llevo por dentro,
tiene más fuerza que el viento
y la tormenta mayor,
porque está hecho de flor,
de cariño verdadero
para la madre que amo,
para mi madre que quiero.

Mendigo de la poesía,
me llaman los ruiseñores,
altruistas y pintores
que embellecen la campiña,
novelistas y señores,
que critican y circundan,
y engalanan los salones,
y en los grandes pabellones
donde reina mi Jehová,
Permanente... ¡Vivo está!
El mendigo de la poesía.

Niñas de Mar

Al llegar las vacaciones
yo me pongo deportivo,
e invito a mis amigos
a la playa a disfrutar,
pues resulta divertido
este encuentro con el mar,
viendo las olas que vienen,
viendo las olas que van,
donde puedo vacilar
a las niñas y sus olores,
con sus trusas de colores
y su lindo caminar.

¡Niñas de mar! ¡Niñas de mar!
¡Niñas de mar! ¡Niñas de mar!
¡Niñas de mar! ¡Las invito a guarachar!
¡Niñas de mar! ¡Niñas de mar!
¡Niñas de mar! ¡Niñas de mar!
¡Niñas de mar! ¡Las invito a disfrutar!

Bajo el cielo tropical
y en contacto con la brisa,
me enloquecen con caricias
las bellas niñas de mar.

¡Niñas de mar! ¡Niñas de mar!
¡Niñas de mar! ¡Niñas de mar!
¡Niñas de mar! ¡Las invito a guarachar!

Con el agua calientica
a ellas les gusta jugar, mientras el mar las va meciendo
con su danza original.

¡Niñas de mar! ¡Niñas de mar!
¡Niñas de mar! ¡Niñas de mar!
¡Niñas de mar! ¡Las invito a guarachar!
¡Niñas de mar! ¡Niñas de mar!
¡Niñas de mar! ¡Niñas de mar!
¡Niñas de mar! ¡Las invito a disfrutar!

A la orilla de la playa
es donde me gusta estar,
en contacto con la arena
y en contacto con el mar,
donde puedo divisar
el horizonte a lo lejos,
y con mi lindo catalejo
ver los barcos pasar.

¡Niñas de mar! ¡Niñas de mar!
¡Niñas de mar! ¡Niñas de mar!
¡Niñas de mar! ¡Las invito a guarachar!
¡Niñas de mar! ¡Niñas de mar!
¡Niñas de mar! ¡Niñas de mar!
¡Niñas de mar! ¡Las invito a disfrutar!

Si tú quieres disfrutar
y gozar rico en la playa,
no te olvides de llevar
las bellas niñas de mar.

¡Niñas de mar! ¡Niñas de mar!
¡Niñas de mar! ¡Niñas de mar!
¡Niñas de mar! ¡Las invito a guarachar!
¡Niñas de mar! ¡Niñas de mar!
¡Niñas de mar! ¡Niñas de mar!
¡Niñas de mar! ¡Las invito a disfrutar!

Kino Morán

Le dedico mi canción al que canta un buen bolero, al de timbre serenito y de bella inspiración,
al que siempre con dulzor, con respeto y con orgullo, mantiene en los labios suyos las delicias de una flor,
Al que supo cultivar y llevar por todo el mundo, el regalo más profundo del bolero nacional.

¡Kino Morán! ¡Kino Morán!
¡Kino Morán! ¡Se llama Kino Morán!

Con tu canto original desde joven comenzaste y siempre a Cuba la llevaste dentro de tu corazón.
Cada célula de ti se alzará hasta el infinito y poco, poco a poquito, tú nos llenarás de amor.

¡Kino Morán! ¡Kino Morán!
¡Kino Morán! ¡Se llama Kino Morán!

El son de la cucaracha

Yo conocí una mujer,
mejor dicho, una muchacha,
parece una cucaracha,
en eso lo de comer,
¿a quién quieres parecer
con esas malas costumbres?
No lavas ni las legumbres
y lo que quieres es comer,
nunca Dios dará un poder,
como un poder soberano,
lave primero sus manos
si lo que quiere es comer.

Del cuerpo les voy a hablar,
no existe en la geometría.
Una figura, una guía
que tenga su parecer,
el ancho es de un mantel,
el largo es de plomería
¡Tubería de 4 metros!
Y le pregunté a mi tía:
¿Es esto una mujer?

Para sentarse, Suzel
es otra preocupación,
necesita de un colchón
de la cabeza a los pies,
Ya yo no sé ni qué hacer
con esta extraña muchacha,
si bebe se me emborracha
y no la puedo coger.

Yo le pregunté a Miguel
que él es mi buen vecino,
si le sirve para vino,
O ensalada pa' comer...
¡Vamo' a ver!
El son de la cucaracha,
eso es para que lo goces
y no para que sofoques
a la querida Suzel.

¡Sí señor!
El son de la cucaracha,
eso es para que lo bailes
y no para que le armes
un barco sin timonel.
¡Cómo no!
　...a veces quiero morir para esparcir mis encantos, y cubrirte con el
　　　manto de mi esencia juvenil...

La rosa amarilla

En el centro del jardín,
yo sembré una linda flor,
le di todo mi calor,
con mis manos la esculpí.

Agua fresca yo le di,
como tantas cosas buenas
y resulta que, de penas,
me está matando a mí.

Ahora quiere caminar,
apartarse de mi lado,
olvidarse del cuidado
que en mi seno yo le di.

Es preferible morir
que aguantar esta condena,
poco a poco, ¡oh!, de penas,
tú me estás matando a mí.

Linda rosa amarilla.
Por favor, regresa aquí,
que a ti nadie te ha querido
como yo te quiero a ti,

Linda rosa amarilla.
Por favor, regresa aquí...!
Que hasta el sol me ha preguntado
Por tu ausencia en el jardín,

¡Linda rosa amarilla!
¡Por favor, regresa aquí!
Que te extraño más que nunca
cuando llega el mes de abril,

linda rosa amarilla,
por favor, ¡regresa aquí!
Porque si tú no regresas
de penas voy a morir.

Mujer

Luz, fragancia,
placer.
Cuerpo entero descrito.
Flor radiante que ha escrito,
páginas incalculables.
Fino vino, pincel,
manuscrito.

Poder.
Poder carnal infinito.
Capa del hombre capaz.
Fiera del alma encendida.
Termómetro sin medidas, sin medidas para amar.

Fenómeno natural.
Esencia pura.
Heridas.
Lágrimas.
Despedida.
Encuentro.
Encuentro siempre cordial.
Futuro enorme sin par.
Una academia divina.
Dulce princesa querida.

Buena diva.
Una diva.
Una diva vivaz.
Una expresión nada más.
¡Una expresión que da vida!
Una expresión que nunca termina.
¡Mujer!

El don de mi Padre

Bendito seas mi Señor,
por tu manera de amar,
por haber llegado a mi vida,
por tanta paz y piedad,
bendito seas mi Señor
por tu presencia divina,
por enseñarnos el camino
y por cuidarnos, Papá,

Bendito seas mi Señor,
por tu justicia y verdad,
porque no hay otro en mi vida
que fortalezca mi amor,
bendito seas mi Señor,
porque aquí siempre estarás,
dándome aliento de vida
y por los siglos serás,
mi protector verdadero,
serás, mi fiel ángel guardián.

Bendito seas por mi vida,
bendito seas por piedad,
bendito seas para siempre
por tanta paz y amor,
bendito clamamos todos
los que te amamos, Jehová.

Bendito seas para siempre
por tanto, amor y piedad,
bendíganos gran señor
por tanto, amor y piedad,
bendito seas para siempre
por tu nobleza y verdad,
bendíganos para siempre
bendíganos fiel Jehová.

Porque eres ángel de vida,
de protección y de amor,
bendíganos para siempre
bendíganos fiel Jehová,
Porque eres ángel de vida,
de protección y de amor.

A mi madre

¡Madre! Desde el fondo de un rosal
de perfume y de colores,
te formaste con los dones
de la risa y del amar,
tu cariño colosal,
tu firmeza y tu dulzura,
hoy trascienden las alturas
de la esfera celestial.

Nadie nunca podrá amar
y sentir lo más intenso,
solo Dios y el firmamento,
y una madre nada más,
con su amor puede pintar
al sinsonte cuando canta,
y pintar las aguas mansas
del profundo azul del mar.

¡Una madre! ¡Una madre!
¡Una madre suele dar!
Tanta luz y alegrías,
un mundo de simpatías
y cuatro soles pa' brillar,
con su amor puede pintarle
a la tarde la tibieza
y a la noche la belleza
de un paisaje tropical.

¡Una madre! ¡Una madre!
¡Una madre suele dar!
Un amor cuando es intenso
y cubrir el firmamento,
de pasiones para amar,
con su amor puede pintarle
a la tarde la tibieza,
y a la noche la belleza
de un paisaje tropical.

¡Una madre! ¡Una madre!
¡Una madre suele dar!
Un amor tan verdadero,
y hacer que el mundo entero
se una en mayo para amar,
con su amor puede pintarle
a la tarde la tibieza,
y a la noche la belleza
de un paisaje tropical.

¡Una madre! ¡Una madre!
¡Una madre suele dar!
Al sinsonte cuando canta
más timbre pa' su garganta,
y más alas pa' volar,
con su amor puede pintarle
a la tarde la tibieza,
y a la noche la belleza
de un paisaje tropical.
¡Una madre! ¡Una madre!
¡Una madre suele dar!

El tren de las siete

Forzado por la ira y la fatiga muscular me propuse dar un viaje para nunca regresar, olvidar todas las penas y las cosas del hogar, visitar otras regiones y mujeres conquistar.
Sentirme un hombre libre igualito a los demás y hacer de mi vida un paraíso terrenal.

Por eso yo te invito a que viajes como yo en mi tren con sabrosura al compás de esta canción, por eso yo te invito a que viajes como yo pa' que sientas en tu pecho lo que ahora siento yo.

Coro:
¡En el tren de las siete contigo quiero viajar!
¡Para que tú vengas niña conmigo a guarachar!
¡En el tren de las siete contigo quiero viajar!
¡Para que tú vengas niña conmigo a vacilar!
¡En el tren de las siete contigo quiero viajar!
¡Para que tú goces niña a ritmo de carnaval!
¡En el tren de las siete contigo quiero viajar!
¡Que no se me quede nadie que vamos a cumbanchar!

Desilusión y reflexión

¡Justo cuando tenía el éxito en mis manos, de repente y sin reclamos todo se derrumbó!
Destrozado me sentí sin ninguna alternativa, no encontraba las salidas para solucionar mi problema.
Me culpé de mil maneras y hasta odiado me sentí por aquel acontecer que se apoderó de mí.
¡Maldita sea la vida y el deseo de vivir!
Me tendría que morir para no sufrir, por tanto, tanto agobio y tanto espanto y tantas ilusiones vanas.

¡Trabaja! ¡Trabaja y nada!
¡Nada tengo hasta ahora! ¡No tengo nada!
He puesto todas mis fuerzas,
¡he puesto toda mi entrega y nada! ¡Nada! ¡Y nada!
¡No tengo nada!

¿Qué será de mí en estas difíciles condiciones?
¿Me comerán los ratones o me pudriré en una cueva...?
Que me piquen las abejas hasta perder la conciencia y ojalá que alguna fiera me atraviese los colmillos y muera de un delirio provocado por la infección.
Que me den paredón por haber hecho algo malo, que me coman los gusanos o perderme en un abismo.
Que me coja el terrorismo y me haga desaparecer o que venga un invierno cruel y me congele para siempre para no sentirme inerte, para no sentirme solo... sin poder y sin dinero. Como un simple pordiosero que vaga por las calles encontrando necedades y mil obstáculos para su vida.

(Reflexión)

¡Encontrar una salida...!

¡Encontrar alternativas, eso es lo que debo hacer...!

No sentirme el pobre infiel cuando doy una caída, levantarme y ver fortalecidas mis piernas y mi columna y decir que viva siempre la vida por darnos tantas energías y tantas posibilidades, que nadie se va a morir por tener un obstáculo... ¡Un obstáculo en su vida!

¡Qué viva siempre la vida! ¡Qué viva la vida bella! ¡Qué viva la bella vida!

Bejuquera

He soñado hoy contigo, te llevo en mi corazón, me alimenta tu belleza y suspiro cuando pienso en ti, mi amor.
Recorro los caminos en mi mente otra vez, tus caminos peregrinos que me vieron crecer.
Bejuquera, me invade la tristeza cuando pienso en el ayer y tu niebla me refresca y tu sol me da placer.
¡Bejuquera...!
Bejuquera de mis ensueños, Bejuquera de mi ayer, recuerdo tus colinas y tus plantas de café.
Bejuquera, hoy quiero volverte a ver, Bejuquera de mis sueños te he soñado otra vez.
¡Bejuquera! ¡Bejuquera! ¡Bejuquera!

Esquizofrenia

Me pareció una linda muchacha, cuando yo la conocí. Perfecta, adorable, incondicional, original, verdadera. Justo lo que esperaba, desde hace un tiempo atrás. Rápidamente, súbitamente despertó en mí, los más apreciables sentimientos, principalmente de amor y amistad. ¡Cuántos valores yo vi y viví en ella!, y aún los sigo viviendo. Ahora, con la condición, se me hace más difícil seguir llevando esto que más que amor, es una carga o quizás, sea para mi vida, una carga-reto maravillosa de amor donde tengo que aprender a vivir con estas nuevas condiciones. Condiciones que a veces me rebasan y que no sé si podré seguir llevando. He llevado tantos años sufriendo en carne propia esta terrible y amarga experiencia, que ya hoy no sé si podré seguir viviendo con esto.

¡Nubes negras! Nubes blancas, que adoré. En tiempos viejos, en tiempos blancos. Que adoré. Nubes negras, que a mi vida han llegado. Nubes negras, que adoré. Nubes blancas, que me abrazan y me limpian hasta los pies. Nubes blancas, nubes negras. Y hoy no sé, si podré.

Un infierno es mi vida y hoy no sé, si podré. Nubes blancas, nubes negras, y hoy no sé si podre. Cuántos llantos, cuántas vibras y hoy no sé si podré. Un infierno es mi vida y hoy no sé, si podré. Cuantos llantos, cuantas vibras, soporté. Hoy no quiero ser tu esclavo y hoy no quiero ser tu Dios. Nubes blancas, que me abrazan y me cubren hasta los pies. Nubes negras que me arrancan hasta la piel. Nubes negras, nubes blancas. Hoy te llevo, te llevo conmigo hasta las cumbres de mi ser. Hoy te abrazo, sin sentido o con sentido, ¡no lo sé! Nubes blancas, que me llenan. Y hoy no sé, si me salvaré. Nubes negras, que a mi vida han llegado y hoy no sé, si podré. Nubes blancas, que me abrazan, me levantan y hoy no sé qué puede ser. Nubes negras, nubes blancas, que adoré.

Nubes negras, nubes blancas, que adoré.

Nubes negras, nubes blancas, que adoré.

Nubes siento que me abrazan, que me llenan otra vez. Nubes negras, nubes blancas, otra vez. Nubes negras, nubes blancas, ¡al volver! ¡Nubes negras! Nubes blancas, ¡fallecer! Nubes negras, nubes blancas que, a mi vida, han de volver.

¡Nubes negras! ¡Nubes blancas!

La pica pica

Me fui una tarde a trabajar
con mi padre para el campo,
porque quería un adelanto
en la limpia pa' sembrar.
Me adentré en la maleza
con deseo y voluntad,
dando cortes por aquí
dando cortes por allá,
pero antes de terminar
me sentí una picazón,
y me tuve que parar
a rascarme de verdad,
y me dijo mi papá:
Esa es la pica pica,
le llaman la sabrosita
en Costa Rica y Panamá,
Y me dijo mi papá:
Esa es la sabrosona
que te hace unas ronchonas
que no puedes caminar.

¡Pica pica! ¡Pica pica!
¡Pica pica! ¡Pica pica!
Yo no soy de Costa Rica,
yo no soy de Panamá,
me cogió la sabrosona
y no me deja trabajar.
¡Pica pica! ¡Pica pica!
¡Pica pica! ¡Pica pica!
Yo no soy de Puerto Rico,
yo tampoco soy de Roma,
me cogió la sabrosona
y no me deja caminar.

¡Pica pica! ¡Pica pica!
¡Pica pica! ¡Pica pica!
(repetimos 3 veces).

¡Que si te coge la pica pica!
¡Que si te coge la pica pica!
Da un pacito para atrás
y menea la cinturita.
¡Que si te coge la pica pica!
¡Que si te coge la pica pica!
Da un pasito para alante
y dame una sonrisita.
¡Que si te coge la pica pica!
¡Que si te coge la pica pica!
No te dejes de rascar
E invita a tus amiguitas.

¡Que si te coge la pica pica!
¡Que si te coge la pica pica!
No te vayas a parar
disfruta esta musiquita.
¡Que si te coge la pica pica!
¡Que si te coge la pica pica!
Vamos todos a gozar
que la fiesta está muy rica.
¡Que si te coge la pica pica!
¡Que si te coge la pica pica!
No te me eches para atrás,
que ya tu estas calientica.

¡Que si te coge la pica pica!
¡Que si te coge la pica pica!
¡A gozar!
¡Que si te coge la pica pica!
¡Que si te coge la pica pica!

Pancha

¡Tienes que comer...!, decía la madre a Pancha.
Comiendo solo naranjas no te vas a alimentar.
¡Óyelo bien...! Despiertas por las mañanas, no tiendes ni bien la cama y sales a caminar.
¡Fíjate bien...! De ahora en adelante te voy a echar muy bien el guante, veremos qué va a pasar.
Ahora tienes que planchar, fregarme bien la cocina; límpiame la letrina y organízame el portal.
O te voy a castigar y olvídate de jueguitos, no ver a tus amiguitos, pues eso te va a educar.
Pa' que aprendas a dejar las cosas organizadas, muy limpias y preparadas en su adecuado lugar.
O te me van a dejar cuando estés más grandecita, vestida y arregladita en la iglesia parroquial.
O te me van a dejar vestida y alborotada en la mismísima entrada de la iglesia parroquial.

Aurora

Además de compositor, yo también soy masajista, técnico quiropodista o podólogo, mejor.
Recuerdo bien la ocasión, en que a mi casa una señora, llamó a altas horas y pedí su dirección, yo, con mucha precaución hasta su casa, llegué, enseguida le toqué y ella me mandó a pasar. Nos pusimos a conversar, porque masaje ella quería y me dijo que tenía interés en rebajar.

Comencé a maniobrar con aceite mis masajes, preguntándome cual traje usaría esta mujer, porque para serles fiel, ella cuello no tenía y su pecho se le unía con el mismo maxilar, de la barriga, ¡ni hablar!, era toda turbulencia y mis manos se perdían en su masa abdominal.
Mientras estuve trabajando ella fue franca conmigo, me dijo que su marido una dieta le exigía porque pronto la vería como una bola rodando, "y nos vemos arreglando los sillones y las mesas, porque hasta la cama esa, ¡ya se está desbaratando!".

¡Ay Aurora! ¡Ay Aurora!
¡Si sigues como tú vas, rodarás como una bola!
Aurorita de mi vida, Aurorita de mi amor,
tu pareces un vagón de una locomotora,
¡ay Aurora! ¡ay Aurora!
¡Si sigues como tú vas rodarás como una bola!
En el centro del jardín, de la casa de mi
abuela, hay una tremenda rueda, igualita; como tú.

¡Ay Aurora! ¡Ay Aurora!
¡Si sigues como tú vas, rodarás como una bola!
En un parque de diversión donde van muchas personas hay una bola grandona parecida a ti, mi amor.
¡Ay Aurora! ¡Ay Aurora!
Si sigues como tú vas, rodarás como una bola.

Una gran exposición han montado allá en Roma y le han puesto una
 corona con tu foto, mi amor.

¡Ay, qué horror! ¡Ay Aurora! ¡Ay Aurora!
Si sigues como tú vas, rodarás como una bola,
¡no hay tallas para esta gorda!
¡Ay Aurora! ¡Ay Aurora!
¡Si sigues como tú vas, rodarás como una bola,
¡no parece una persona!

¡Ay Aurora! ¡Ay Aurora!
¡Si sigues como tú vas, rodarás como una bola!
¡Una morsa en un día de bodas!
¡Ay Aurora! ¡Ay Aurora!
Si sigues como tú vas, rodarás como una bola, ¡como come!, ¡es una
 chapiadora!

¡Ay Aurora! ¡Ay Aurora!
Si sigues como tú vas, rodarás como una bola.
Si sigues así, engordando, vas a reventar como
¡Un ciquitraque! ¡ay Aurora! ¡ay Aurora!
Si sigues como tú vas, rodarás como una bola,
¡No hay quien siga su tren! Come como una loca.

¡Ay Aurora! ¡Ay Aurora!
Si sigues como tú vas, rodarás como una bola,
¡y señores y señoras, el cambio ha sido tremendo! ¡Ahora aurora es
 otra persona!
Muy distinta a aquella otra Aurora.
¡Su cara es una hermosura y su cuerpo es un monumento... Si la vieran...!
Sigue haciendo su dieta, practicando es una fiera.

(música)
En cuestiones de ejercicios, lleva bien la delantera.
(música)
Los hombres como la miran, en el gimnasio cuando llega.

(música)
Es muy linda/tiene linda su figura, parece una mega estrella.
(música)
Siempre cuando yo la miro, me tiemblan hasta las piernas.
(música)
Me dice muy suavecito ¡tu masaje si me llega/llena!
(música)
¡Nadie lo hace como tú; tú si eres un estratega!
(música)
¡Me siento como un bistec, en la parrilla que se quema!
(música)
¡Me besa muy despacito y me dice: ¡No te vayas!
(música)
¡Esta noche estaré sola, completica para ti!
(música)
¡No te dejaré dormir, seré una batidora!
(música)
¡La noche será testigo de lo que haga yo contigo!
(música)
¡Yo seré tu suave manta, yo seré tu tibio abrigo!
(música)
¡Nadie lo hace como tú, tu tesoro si me llena/llega!
(música suave)
¡Son las tres de la mañana! ¡(y) me siento como una fiera!
(música)
¡Nadie lo hace como tú, suave y de cualquier manera!
(música)
¡Tu cariño me da luz y tu sangre a mí me/que quema!
(música)
(música suave)
¡Nadie lo hace como tú, suave y de cualquier manera!
(música suave)
¡Nadie lo hace como tú, tu cañon a mí me llena!
(suave)
(sonidos de besos, abrazos, gemidos, quejidos, respiración agitada, respiración suavizada, relajación, etc.)

CANCIONES, POESÍAS Y REFLEXIONES DE UN MENDIGO | 39

Entusiasmo

¿Dónde te has ido muchacho, que ya te siento lejano?
Yo siento en mi piel y en mis manos
que ya tú no andas conmigo,
como le falta al herido
las fuerzas para vivir.

¡Vivo! ¡Vivo sufrir!
¡Sufrir es lo que estoy haciendo!
Y como en un baile meciendo
un cuerpo de sangre y lanza,
esparzo dolor, cansancio,
a cada paso que doy.

Muy claro veo en las sombras
un infierno de amarguras,
que perdura en las alturas
de mi endemoniada suerte,
anhelo la bendecida muerte,
a veces, cuando me veo desfallecer.

Pero algo me guía al parecer
y me muestra una salida,
una luz que me ilumina
en medio de mi tortura.
Y me dice: ¡Ven acá!,
recuerda que tú fuiste el elegido
y que tienes compartido,
tu destino y tu suerte.

Y me limpia y me protege
con su apreciado manto,
y me da vida y me levanta
entre las nubes negras,
y comprendo y me alegra
todo esto que está pasando.

Porque siempre habrá un canto
de pasión y de ternura.
Que nos brinde la dulzura
y una razón para vivir,
y bendigo el porvenir,
y la manera concebida,
que me engrandece la vida
y protege mi camino.

Por eso quiero decir
tan fuerte, y que bien se escuche,
¡Gracias mi Dios por existir!
¡Muchísimas gracias!

Lágrimas en el Olimpo

Lágrimas en el Olimpo,
lágrimas que Dios me dio,
lágrimas que abren heridas,
lágrimas que ahí va mi vida,
derramada por su adiós.

Desde que la conocí
quedó escrito en mí su nombre,
en mis venas, en mis acordes,
y en las puertas de un abril.
Un abril que fue de rosas
perfumadas por la brisa,
donde el sol de su sonrisa
destrozaba corazones.

Nunca más la he vuelto a ver,
la noche se la llevó,
cuando más contento yo
suspiraba por su amor,
perdí todo su calor
y el cariño que me dio.

Lágrimas en el Olimpo,
lágrimas que Dios me dio,
lágrimas que abren heridas,
lágrimas que ahí va mi vida,
derramada por su adiós.

Homenaje a Benny Moré

Cuba se viste de gala
al oír tu cantar,
porque en cada letra tuya
¡Entregaste tanto! ¡Tanto...!
Que la cubriste con el manto
de tu amor primaveral.

Fue tu voz tan suave y pura
como arroyo de cristal,
donde supiste dejar
la más bella creación,
y le diste siempre al son
su carisma y su lugar.

En el fresco de la tierra
y en la copa de una flor,
tu ternura y tu canción
se esparcirán como la niebla,
y serán por siempre bellas
como una puesta de sol.

Benny, en el brillo de una estrella
y en el amplio azul del mar,
quedará siempre grabado
tu recuerdo adorado,
y tu música vivaz.

Que el mundo entero te conozca
y sepa reconocer,
a quien con tanto placer
y también con tanto orgullo,
llevó el sello y el escudo de su patria en su cantar,
Benny, querido Benny; Benny es todo amor.
Benny, querido Benny...
Benny, es todo amor.

Manos

Manos diestras que trabajan.
Manos diestras que dibujan.
Manos diestras que deslumbran.
Manos que crean y luchan.
Manos que en su arte bailan.
Manos que, sin hablar, hablan.

Son manos que se propagan.
Son manos que se levantan.
Son manos que a diario alaban
muchas criaturas sinceras,
son manos que bien se esmeran
en conseguir lo deseado,
son manos que Dios ha creado.

Manos que escriben poesías.
Manos que aunque estén heridas,
mantienen su ritmo y tacto.
Son manos atrevidas en unos y
otros momentos.

Son manos de un cuerpo sano.
Son manos, como otras manos.
Son tus manos mi amor.
Son, tus propias manos.

La aplicación

En muy cierta ocasión me mandaron a aplicar, con ideas de trabajar a distintas compañías, porque muchos me decían que me gusta majaciar.
¡Qué manera de hablar!
Yo siguiendo el instructivo, enseguida preparé,
un buen traje en mi chalet y zapatos de dos tonos, unas medias color rojo y un sombrero portugués.

Coro: ¡Qué elegantes!
(shhh shhh) ¡Un momento! ¡Un momentico ahí!
¡Qué elegante, se dice, qué elegante! ¡Uhh!
Cuando estuve preparado enseguida me monté en mi bello carro que ya me lo habían lavado.

Coro: ¡Presumido! ¡Descarado!
Y cual fuera mi impresión al llegar a la
oficina, una chica me han mandado pa' llenar mi aplicación.
¡Qué vacilón...! ¡Qué vacilón...! ¡Qué vacilón...! ¡Esto sí que es vacilón...!
¡Qué vacilón...! ¡Qué vacilón...! ¡Qué vacilón...! ¡Esto sí que es vacilón...!
(repetir 2 veces).

En honor a la belleza y la majestuosidad, nunca había visto algo así, te lo digo de verdad.
Eran unos ojos bellos y una forma de mirar, que pensé me iba a clavar directico en la pared.
Coro: ¡Y al revés! ¡Y al revés y al revés, so cretino, soquetes!
No tan solo eran sus ojos,
era también su cintura, esa chica estaba dura,
te lo digo, Vladimir.

Coro: ¡Pa masticar! ¡Pa digerir! ¡Pa masticar saborear y digerir!
¡Te lo digo, Vladimir!
Coro: ¡Pa' masticar...! ¡Pa' digerir...! ¡Pa' masticar, saborear y digerí...!
(repetir 2 veces).
¡Ponte fuerte que mi orquesta va subir! ¡Pa masticar!
Coro: ¡Pa digerir! ¡Pa masticar, saborear y digerir!
(repetimos 2 veces y música).

Esta mujer me ha hechizado,
ahora yo no sé de mí,
me van a sacar de aquí
con una patada en el fondillo.
(música).

Como una fiera terrible
vino pa´ encima de mí,
a mostrarme su belleza
y a mostrarme su figura,
Le dio *una pata'* a la mesa
entre tanta calentura.
Entre tanta calentura y entre tanto forcejeo, hasta el cesto e' la basura
    por na' me acaba con un deo'.

¡Señorita, por favor!
Me tengo que retirar.
¡Mi mujer me va a matar señorita, por favor!
¡Señorita, por favor!
Solo vine aquí a aplicar,
pero usted me va a enfermar.

¡Señorita, por favor!
¡Señorita, por favor!
¡Solo vine aquí a aplicar se lo pido, por favor!
¡No perdamos el control!

¡Señorita, por favor!
¡Señorita, por favor!
¡Señorita, por favor!
¡Por favor! ¡Señorita!
¡Señorita, por favor!
¡Señorita, por favor!
¡Señorita, por favor!
¡Señorita ¡Señorita ¡Señorita!
¡Aay, señorita!
¡Señorita ¡Señorita

Lindo túnel de mi Habana

Lindo túnel de mi Habana,
hoy te quiero dedicar,
junto a mi ciudad natal
esta bella melodía,
por ser faro y alegría
de mi Cuba tropical.

Me permites contemplar
al barrio Jesús María,
al Prado y sus alegrías,
y la antigua Catedral,
sin dejar de mencionar
los paisajes y colores,
desde El Cerro hasta Dolores,
El Vedado y Miramar.
¡Y mucho más!

Lindo túnel de mi Habana
eres fuerte y reverdeces,
porque sobre ti florece
tu capilla original,
y con tu baile sin igual
vas danzando día a día,
con El Morro frente al mar
y La Cabaña en La Bahía,
con El Morro frente al mar
y La Cabaña en La Bahia.
¡Y el Cristo…! ¡Y el Cristo…!

Lindo túnel de mi Habana
tu belleza me enternece,
cuando das y favoreces,
tú cuerpo pa' circular,

lindo túnel de mi Habana
tu belleza me fascina,
porque en ti se determinan
diferentes direcciones,
y me colmas de emociones
con tu presencia tan divina.

Lindo túnel de mi Habana
nadie te puede igualar,
porque cuidas y controlas
la entrada principal,
y todos lo que a lo lejos
te han visto trabajar,
te mandan a saludar
con cariño y con esmero.
Te mandan a saludar con cariño y con esmero.

...Sol radiante eres tú
con las aguas verde azules,
con los montes y abedules
perfumados por la brisa,
con un mundo de sonrisas
y admirable cielo azul.

Doña Isabel

Con el aire del recuerdo
he sentido hasta tocar,
las antiguas campanadas
y se escucha tu llamada,
y tus lágrimas caer.

¡Doña Isabel!
¡Doña Isabel!
¡Doña Isabel!

Hoy le canto a la mujer
que fue ejemplo de esperanza,
de amor y de confianza
y fidelidad también,
la que desde una torre
avistaba el horizonte,
en espera de su hombre
para ver si regresaba,
noche, día y madrugada,
Se le vio a doña Isabel
oteando por doquier,
en la tierra y en las aguas,
despechada y con miradas
de tristeza por él.

¡Doña Isabel!
¡Doña Isabel!
¡Doña Isabel!

Según cuenta la leyenda
Hernando no regresó,
porque lejos él murió
en sus planes de conquista,
y ella triste y muy solita
en La Habana se quedó.

¡Doña Isabel!
¡Doña Isabel!
¡Doña Isabel!

Ángel del cielo

Un ángel mi Dios mandó
a cumplir su voluntad,
y aunque el ángel quedó herido,
el ángel aquel cumplió,
sufrió penas y maltratos
entre tantas cosas malas,
y producto de aquel acto
el ángel se me enfermó.

Hoy el ángel está en el cielo.
¡Cielo!
Hoy el ángel está aquí,
justo en cada pensamiento
no se aparta ni un momento,
de mis todos y de mí.

Hoy el ángel está en el cielo.
¡Cielo!
Hoy el ángel está aquí,
dándole vida a la vida,
dándole vida a sus hijos
no se apartará de mí.

Hoy el ángel está en el cielo.
¡Cielo!
Hoy el ángel está aquí,
hoy el ángel vela por todos
los que le dieron cariño,
y le dieron frenesí.

Hoy el ángel está en el cielo.
¡Cielo!
Hoy el ángel está aquí,
quiero sembrar en mi almohada
las caricias de tu amor,
y fundir con mi calor
tu escultura perfumada.

Vivir

¡Cuando tú no estás!
¡Cuando tú no estás!
El alma se me declina
y me siento en la ruina,
suspirando por tu amor.

Es mi dolor
el querer como te quiero,
porque tengo el cuerpo lleno
de lágrimas por tu amor,
¡Ayy qué sufrir! ¡Ayy qué sufrir!
Es la pena de un tormento
que me aturde el pensamiento
y me afecta respirar.

¡Cuando tú no estás!
¡Cuando tú no estás!
¡Cuando tú no estás!
¡Pero sí estás! ¡Hay que vivir!
¡Pero sí estás! ¡Hay que vivir!

Mi mundo se engrandece, las
flores del campo crecen
y se abre el cielo para mí.
¡Hay que vivir! ¡Hay que vivir!
Es tener unas caricias,
un placer que me desquicia
y me hace resurgir.

¡Hay que vivir! ¡Hay que vivir!
Siento un mundo de pasiones
que enciende los corazones
y tú estás dentro de él.
¡Hay que vivir! ¡Hay que vivir!
Se ilumina mi sonrisa
y me envuelve una brisa
que me hace muy feliz.
¡Al despertar! ¡Al despertar!
Cerca de ti.

¡Hay que vivir! ¡Hay que vivir!
¡Hay que vivir!
¡Pero si estás! ¡Hay que vivir!
¡Pero si estás! ¡Hay que vivir!

El negro cimarrón

Era mucha la miseria,
era mucha la explotación,
castigaban al pobre negro
sin piedad y sin perdón.

Cansados todos del látigo
y el sufrir de sol a sol,
pensaba el negro furioso
convertirse en cimarrón,
llueve en la noche oscura
duerme la dotación.

Escapa el negro asustado
en busca de salvación,
alcanza oscuro la loma,
se refugia en un plantón,
amanece, se dan cuenta,
empieza su persecución.

Coro: si-si-si-es el negro cimarrón.
Si-si-si- es el negro cimarrón.
*Perseguido por esas
Lomas sin piedad y sin perdón.

Si-si-si-es el negro cimarrón.
Si-si-si- es el negro cimarrón.
*Que se acabe el maltrato,
que se acabe la explotación,

Si-si-si- es el negro cimarrón.
Si-si-si-es el negro cimarrón.
*El negro trabaja mucho
y no tiene consideración.

Si-si-si- es el negro cimarrón.
Si-si-si- es el negro cimarrón.
*Lucharon por la igualdad,
nunca les importó el color.

Si-si-si- es el negro cimarrón.
Si-si -si- es el negro cimarrón.
*Lucharon por la igualdad,
eso es emancipación.

Si-si-si- es el negro cimarrón.
Si-si-si- es el negro cimarrón.
(música)
*Lucharon por la verdad
y la reconciliación.
Si-si-si- es el negro cimarrón
Si-si-si- es el negro cimarrón.

Catalina

¡Catalina...! ¡Catalina...! ¡Catalina...! ¡Catalina...!
¡Bien señores y señores...! Tengo el gusto de presentarles a Catalina.
    ¡Una chica muy hermosa, sensual e inteligente...!
¡Catalina...! ¡Catalina...! ¡Catalina...! ¡Catalina...!

Oye, dime, Catalina, ¿cómo quieres tu café...?
En el fondo ponle miel, mucha leche y chocolate, una pizca de pimienta y batido con amor.

Oye, dime, Catalina, ¿cómo quieres tu bistec...?
Bien dorado hasta los pies con limón y con tomates, con un toque de
    picante, aguacate y perejil.

Oye, dime, Catalina, ¿y qué hay de tu musiquita...?
La prefiero sabrosita agitada y calentica pa' bailar toda la noche
    apretada y suavecita.

Y ahora dime, Catalina, ¿cómo quieres tus masajes...?
No me gusta usar mis trajes ni mis trusas ni mis shores, ni pensar
    en mal de amores ni otras cosas que me aten. Me gusta que me
    relajen completica y con amores.

Y ahora, dime, Catalina, que la banda va a subir, para dónde te me
    vas a ir porque aquí no hay escapes ni más planes. Solo risas y
    avatares y dulzura 100 por ciento, y bailando todos al ritmo
    cadencioso y bien sabroso de la Banda... ¡Y a gozar...!
*(m*úsica)

Y ahora, dime, Catalina, ¿cómo le haces en las playas...?
Me gusta tomar el sol con mi gafa y con mi trusa y broncearme
    lentamente al compás de una sonrisa.
¡Ah! Y leyendo mi querido, mis novelas policíacas!

¡Y ahora Catalina, háblame de las piscinas...!
Los domingos en las tardes cuando calienta el sol, me aparezco con mi olor, con mis cremas y mi andar femenil... perturbador... Y con mis juegos de cintura porque me gusta ver a los hombres bien rendidos ante mí.

Y ahora dime Catalina, ¿cómo le haces en los Clubes...!
Me gusta llegar temprano con mis joyas y tacones, y sentarme en una mesa preparada para mí. Esperar que venga aquí un elegante caballero, y me invite algunos tragos y a bailar hasta morir...

¡Morir de amor...! ¡Morir de sabrosura...!
¡Ay, Catalina...! ¡Catalina...!
¡Qué Mamacitaaaa...! ¡Qué mamacitaaaa...!
(música)

(Las chicas quitándose la vestimenta y bailando en bikinis cantan)
Y ahora dime papi, ¿qué me dices de mi baile y de mi tren con sabrosura meneando bien mi cintura y disponible para ti?
Y ahora dime papi, ¿qué ya suenan los metales y que no hay excusas ni más planes y estoy caliente para ti...?
Dime papi... ¿Qué es lo que tú vas a hacer?
¡Dímelo que quiero oírlo!
¡Y ahora dime papi, que todo aquí es sabrosura que se me parte la cintura meneándome para ti!
¿Qué es lo que vas a decir?
¡No digas nada...! Solo siénteme y gózame y sin parar ni un minuto. ¡Dale aprisa...! ¡Dale al gusto...! ¡Que soy toda para ti...!
¡Gózame...! ¡Gózame...! ¡Que soy toda para ti...!
¡Gózame...! ¡Gózame...! ¡Bien servida para ti...!
¡Gózame...! ¡Gózame...! ¡Que la orquesta va' subir...!
(música)

¡Gózame...! ¡Gózame...!
¡Gózame con sabrosura...! ¡Ponle miel...! ¡Ponle pintura...! ¡Que soy toda para ti...!

¡Gózame...! ¡Gózame...! ¡Gózame con sabrosura...!
Ya lo ves soy la ricura que te pone medio loco.

¡Gózame...! ¡Gózame...! ¡Y olvídate de tus viajes...! Conecta con los metales y goza mi lindo... ¡Ven...!
¡Gózame...! ¡Gózame...! ¡Y olvídate de tus viajes...! ¡Conecta con los metales y arroya conmigo...! ¡Ven...!
¡Gózame...! ¡Gózame...!
¡Olvídate de tus viajes...! ¡Conecta con los metales...! ¡Y baila hasta amanecer...!
(final).

Selena

Hoy quiero escribir acerca de una Estrella.

De una Estrella que nació y brilló con luz propia.

Quiero hablarles de Selena Quintanilla o simplemente de nuestra Selena.

Cuanto tiempo ha pasado y todavía se siente su música. Su baile se disfruta por doquier y perdura hasta en el aire su bella y contagiosa sonrisa.

Digno y maravilloso ángel de cuerpo tan exuberante del cual se siente a todo nuestro alrededor una increíble y positiva energía vital, porque eso era ella, ¡una gran fuente de energía vital!

Me hubiera gustado tanto haberla conocido personalmente y haber compartido con ella una simple canción o poesía.

La imagen de Selena se multiplica y engrandece cada día. Todo su carisma ha permanecido y se ha enriquecido y se ve y se siente a diario en muchos talentos que hoy quieren ser como ella y sin duda alguna, sus trabajos representan mucha seriedad y dignidad como ella misma lo hizo; con tanta modestia, con tantas alegrías y por sobre todas las cosas, con un talento innato.

Se me hace un poco difícil hablar de Selena sobretodo porque para juntar tantas bellas, atractivas y extraordinarias facetas, no me alcanzan las palabras. Solo un ángel como ella pudo representarlo en un entretenido y magnífico espectáculo. ¡Naciste para cantar...! ¡Naciste para bailar...! Naciste para darnos tanto entretenimiento y tanta diversión que aún hoy en día ese gran caudal y ese gran corazón tuyo nos siguen deleitando y nos siguen complaciendo. Gracias excelentísima y bella estrella por tanta creatividad, por tanto carisma y por tantas y tantas ganas de brillar y hacer de tu público un gran anfitrión de amor y de humanidad.

El baile del Machacanga

Si tú quieres disfrutar y gozar rico y sabroso ven conmigo y con Alonso, a bailar el Machacanga que te anima y te levanta y te pone suavecito como uvas pa' un vinito o como azúcar de caña.
¡A bailar el Machacanga...! ¡A bailar el Machacanga...!
Es caliente como el sol y tan fresco como el agua.
¡A bailar el Machacanga...! ¡A bailar el Machacanga...!
Lo puedes bailar con ropa, con un short o una tanga.
¡A bailar el Machacanga...! ¡A bailar el Machacanga...!
Donde quiera que tú estés, en un tren; un avión; en una playa.
¡A bailar el Machacanga...! ¡A bailar el Machacanga...!
Mira como ella se mueve como sirena en el agua.
¡A bailar el Machacanga...! ¡A bailar el Machacanga...!
No hay quien pare este ritmo que te deja hasta sin habla.
¡A bailar el Machacanga...! ¡A bailar el Machacanga...!

¡*Puuum!*
¡Si tú ves que yo me caigo, enseguida me levantas...!
¡Por favor...!
¡A bailar el Machacanga...! ¡A bailar el Machacanga...!
Mi baile es una explosión como miles de granadas.
¡A bailar el Machacanga...! ¡A bailar el Machacanga...!
Lo baila hasta un bebé, la abuelita y las muchachas.
¡A bailar el Machacanga...! ¡A bailar el Machacanga...!

Me despido mis amigos, ¡no sé cómo esto se para...!
¡A bailar el Machacanga...! ¡A bailar el Machacanga...!
¡Pues que siga esta fiesta hasta por la madrugada...!
¡A bailar el Machacanga...! A bailar el Machacanga...!
¡Adiós...! ¡Arréglenselas como puedan...!
¡A bailar el Machacanga...! ¡A bailar el Machacanga...!

La polka del Martino

Nació el Martino, no importa si es divino o terrenal ese es la realidad.
¡Nació porque tenía que nacer...!
¡Aquí, en Cuba o bien en Israel...!
Nació y vino envuelto en un papel, con pepinos,
picante y un laurel.

¡Nació el Martino no sé si es Filipino, Argentino, de China o Budapest...!
Lo cierto es que le gusta la parranda; la malanga y bailar en un solo pie.
Le gusta que todos lo vean bailar, trabajar y lucirse en realidad; comer tamal; beberse algunos vinos y silbidos lo hacen relajar.
¡También viajar, le gusta ir a pescar con familia y a su comodidad...!

Nació el Martino le digo a mis amigos, a vecinos y a toda vecindad.
Nació pa' amar y también para jugar, pa' vivir igualito a los demás.
Para cantar en un coro principal, pa' gritar al compás de esta canción.
Nació el Martino le digo a mis amigos, a Silvino y también a Benzemah.
Nació pa' amar y también para cantar. ¡Un Martino...! ¡Martino sin igual...!
¡Nació para amar y también para jugar...! ¡Un Martino...! ¡Martino sin igual...!
¡Nació pa' amar y también para gozar...! ¡Un Martino...! ¡Martino sin igual...!
¡Nació pa' amar y también jugar...! ¡Un Martino...! ¡Un Martino sin igual...!

Los pies de Amanda

Los pies de Amanda son
muy esponjosos y suaves,
son tiernos y agradables,
son sensibles como espuma.
Son como el algodón y la cuna de un recién nacido,
como la flecha de Cupido convertida en corazón.
Los pies de Amanda son como una bella canción que inmortaliza lo
    bello,
son como un lindo destello de diamantes y joyas,
son como las densas olas que adornan un mar intenso,
como el poder del incienso que expande su olor benigno, o como
    una rosa o un himno que con su letra te llama a defender lo más
    justo; con voluntad, digno fruto de todo lo que se ama.

Mangiare

Cuando vayas a Guanabo
a gozar de sus paisajes,
¡a comidas, hospedajes u otra diversión...!
¡Fíjate...! ¡Pon atención...!
En un cierto personaje
que se ha hecho popular,
por su forma de bailar
y tomar sin un metraje.

Todos le dicen Mangiare,
¡y es tremendo vacilón...!
¡Dale Mangiare...! ¡Dale Mangiare...! ¡Dale Mangiare...! ¡Dale Mangiare...!
¡No necesita metales...!

¡Dale Mangiare...! ¡Dale Mangiare...!
¡No necesita pedales...!
¡Dale Mangiare...! ¡Dale Mangiare...!
¡Cuando bailes no te jales...!

¡Dale Mangiare...! ¡Dale Mangiare...!
¡Haces bien tu personaje...!
¡Dale Mangiare...! ¡Dale Mangiare...!
¡Bailando fuerte con los metales...!

¡Dale Mangiare...! ¡Dale Mangiare...!
¡Pa' que este baile no se pare...!
¡Dale Mangiare...! ¡Dale Mangiare...!
¡Saltando todos con los metales...!

¡Dale Mangiare...! ¡Dale Mangiare...!
¡Meneando fuerte...! ¡Mami no pares...!
¡Dale Mangiare...! ¡Dale Mangiare...!

Rompedor de métrica (Jehová Dios)

No se puede encasillar a la poesía verdadera porque es pura y es sincera, y porque viene de Dios.
Durante años la midieron, la presionaron, la humillaron, ¡pero ahora es libre...!
¡Es libre porque el Padre lo mandó...!
¡Siempre fue así, pero nadie lo creyó...!
¡Hicieron lo que les dio la gana...!
Inventaron falsas formas de reducirla y solo consiguieron empeorarla.
¡Disfrútala como ella es...!
A veces inocente, con faltas, lejana, inoportuna, quizás vista fuera de espacio y de tiempo, entre otras cosas, pero, puedes creer una cosa, en cada una de ellas hubo, hay y habrá un mensaje preciso. Hay un mensaje conciso y que sin dudas alguna Él te manda, y si lo alteras y logras pues convertirlo en cenizas, aunque lo hagas... ¡Analiza...!
¡Que ya recibiste el mensaje...!

A mi hijo Adrián.

Herido de muerte estoy por no tenerte a mi lado/alma y pecho destrozados por la fuerza del dolor/me quedaba tu calor y un beso que había guardado/pero tú me lo has robado con el aire de un adiós.

Agradecimientos especiales para Page Publishing por todo el trabajo de información, edición, diseños, promoción, ventas y más... ¡Muchísimas gracias!

El autor.

Sobre el Autor

Alexis Matos López, nació en Guantánamo, Cuba, el 20 de mayo de 1969. Sus padres son Casiano Matos Acosta y Elba Rosa López Leyva.

Comenzó sus estudios primarios en una localidad llamada La Yaya, perteneciente al Municipio Niceto Pérez García de la provincia de Guantánamo.

Desde muy niño se apasionó por los deportes y por la escritura; destacó también, en el área de las letras y matemáticas. Practicó deportes como el baloncesto, el voleibol, la pelota, las artes marciales, entre otras. A la edad de 8 años compuso su primera canción, *El negro cimarrón* y a los 12, *La rosa amarilla.* Durante su etapa de adolescencia, y ya, madurando como escritor, compone otros temas como *Princesa o doncella*; *Manos, Madre;* Lágrimas en el Olimpo; entre muchas otras.

Este afanado escritor cursó estudios en una Escuela Politécnica de la Salud de Guantánamo; se graduó en el año 1991 de Podólogo Técnico. Años más tardes, en La Habana, cursa algunos estudios como masajes terapéuticos, reflexología, fangoterapia, reiki, entre otros. Ya como escritor consolidado, se dedica a profundizar en la historia, vida personal y profesional de algunas figuras célebres de la historia y de la música, entre los que se encuentran: Isabel de Bobadilla, Benny Moré, Kino Morán, Polo Montañez, entre otros.

Rica y sacrificada ha sido la vida de este compositor, no por tener dinero, sino por sus incontables experiencias en el área laboral y personal que han enriquecido su humilde trayectoria. Actualmente vive en la hermosa y próspera ciudad de Atlanta, perteneciente al estado de Georgia; ahí continúa su vida como escritor y profesional de la salud. Deseando que su abnegado y maravilloso trabajo autoral sea del agrado de muchas personas.

1-678-790-8237
alexislopez2429@gmail.com
alexislopez2429@icloud.com

Printed in the USA
CPSIA information can be obtained
at www.ICGtesting.com
LVHW050414190823
755495LV00003B/409

9 781643 344331